Парамаханса Йогананда
(1893—1952)

Парамаханса Йогананда

Почему Бог допускает зло

——— и ———

Как над этим возвыситься

Тексты выступлений, собранные в этой книге, первоначально публиковались обществом Self-Realization Fellowship в ежеквартальном журнале *Self-Realization,* учрежденном Парамахансой Йоганандой в 1925 году. Эти выступления проходили в храмах SRF, основанных автором в Голливуде и Сан-Диего, штат Калифорния, и были застенографированы Шри Дайя Матой, одной из первых и ближайших учениц Парамахансы Йогананды.

Название англоязычного оригинала, издаваемого
обществом Self-Realization Fellowship, Лос-Анджелес (Калифорния):
Why God Permits Evil and How to Rise Above It

ISBN: 978-0-87612-461-1

Перевод на русский язык: Self-Realization Fellowship

Copyright © 2016 Self-Realization Fellowship

Все права защищены. Без предварительного разрешения Self-Realization Fellowship перепечатка (за исключением кратких цитат для рецензий) и распространение книги «*Почему Бог допускает зло и как над этим возвыситься*» *(Why God Permits Evil and How to Rise Above It)* в любой форме — электронной, механической (или любой другой, существующей сегодня или в будущем), включая фотокопирование, звуковую запись или хранение ее в информационных и принимающих системах — является нарушением закона и преследуется по закону. За справками обращайтесь по адресу: Self-Realization Fellowship 3880 San Rafael Avenue, Los Angeles, California 90065-3219, USA

 Одобрено Международным Издательским Советом
Self-Realization Fellowship

Название общества *Self-Realization Fellowship* и его эмблема (помещенная выше) присутствуют на всех книгах, аудио- и видеозаписях, а также других публикациях SRF, удостоверяя, что читатель имеет дело с материалами организации, которая основана Парамахансой Йоганандой и передает его учения точно и достоверно.

Первое издание на русском языке, 2016
First edition in Russian, 2016

Издание 2016 года
This printing 2016

ISBN: 978-0-87612-589-2

1726-J7412

На этой земле добру и злу надлежит вечно дополнять друг друга. Все сотворенное должно нести в себе отпечаток несовершенства. А как же иначе Бог — Единственное На Свете Совершенство — мог разделить Свое Единое Сознание на частицы, отличные от Него Самого? Не может быть света без противостоящей ему тени. Не будь зла, человек не знал бы о его противоположности — добре. Ночь являет разительный контраст дню, горе учит нас умению радоваться. И хотя злу надлежит прийти, горе тому, через кого оно приходит. Тот, кто, соблазнившись иллюзией, играет роль злодея, обречен вкусить горечь кармической участи злодея, тогда как герой за свою добродетель получает благословенную награду. Зная эту истину, мы должны избегать зла; творя добро, мы в конечном счете достигаем Божьих пределов — мы возвышаемся и над злом, и над добром.

Парамаханса Йогананда

СОДЕРЖАНИЕ

ЧАСТЬ I

Почему зло является частью
Божьего творения................. 3

ЧАСТЬ II

Зачем Бог сотворил этот мир.............. 11

ЧАСТЬ III

Вселенское действо................. 23

ЧАСТЬ IV

За завесой мира таится безусловная
Божья любовь................. 37

Почему Бог допускает зло

—— и ——

как над этим возвыситься

ЧАСТЬ I

Почему зло является частью Божьего творения[*]

~~~~

О происхождении зла

Некоторые люди считают, что Бог не ведает о зле. Только так они могут объяснить, почему всеблагой Бог допускает грабежи, убийства, болезни, нищету и другие несчастья, которые постоянно случаются на этой земле. Безусловно, с нашей точки зрения эти несчастья — зло, но являются ли они злом с точки зрения Бога? Если да, то почему Бог допускает это зло? А если зло исходит не от Того, Кто является Творцом всего сущего, то откуда же оно произошло? Кто сотворил алчность? Кто сотворил ненависть? Кто сотворил ревность и гнев?

---

[*] Фрагменты из выступления 7 ноября 1946 года. Полностью текст этого выступления опубликован в книге *The Divine Romance* (рус. *Божественный роман*) издательства Self-Realization Fellowship [Paramahansa Yogananda. *Collected Talks and Essays. Vol. II*].

Кто сотворил вредоносные бактерии? Кто сотворил искушение страстью и искушение жадностью? Все это не было выдумкой человека. Человек никогда бы не столкнулся с такими вещами, не будь они сотворены до него.

Иные люди пытаются доказать, что зла не существует или что оно является чисто психологическим фактором. Но это не так. Присутствие зла в мире очевидно. Это невозможно отрицать. Если зла не существует, тогда почему Иисус молился: «И не введи нас в искушение, но избавь нас от лукавого»?[*] Он ясно дал понять, что зло все-таки существует.

Итак, мы действительно видим зло в этом мире. Откуда же оно исходит? От Бога[**]. Зло служит контрастом, который дает нам возможность узнать о добре и познать его. Не будь зла, не было бы мира как такового. Если написать что-либо белым мелом на белой доске, никто ничего не увидит. Поэтому без черной доски зла добрые дела никак не выделялись бы в этом мире. Можно сказать, что Иуда был самым лучшим «рекламным агентом» Иисуса. Своим злодеянием он прославил Христа в веках. Иисус знал о роли, которую ему надлежало сыграть. Знал он и о том, что ему суждено было ее сыграть, чтобы он смог продемонстрировать людям величие и любовь Бога. А для свершения этого необходим был злодей. Но для самого Иуды не было пользы в том, что он выбрал путь злодея, чье темное деяние высветило торжество Христа над злом.

---

[*] Мф. 6:13.

[**] «Я Господь, и нет иного. Я образую свет и творю тьму, делаю мир и произвожу бедствия; Я, Господь, делаю все это» (Ис. 45:6-7).

Почему зло является частью Божьего творения

Где грань между добром и злом?

Трудно понять, где проходит грань между добром и злом. Конечно, это ужасно, что от бактерий каждые сто лет погибает два миллиарда человек. Но вообразите только, какой хаос и перенаселенность возникли бы на земле, если бы не было смерти! И если бы в этом мире все было хорошо и совершенно, никто по собственному желанию не захотел бы его покидать; никто не захотел бы возвращаться к Богу. Так что несчастья в каком-то смысле являются нашими лучшими друзьями, ибо они подталкивают нас к поиску Бога. Когда мы отчетливо увидим несовершенство этого мира, мы устремимся к Божьему совершенству. Бог использует зло не для того, чтобы уничтожить нас, но для того, чтобы мы разочаровались в Его игрушках, в забавах этого мира, и наконец обратились к Нему.

Именно поэтому Сам Господь допускает существование зла и несправедливости. Но я сказал Ему: «Господи, Ты никогда не страдал. Ты всегда был совершенен. Откуда Тебе знать, что такое страдание? И все же Ты подвергаешь нас всем этим испытаниям. Зачем Ты это делаешь? Мы не изъявляли желания появляться на свет, чтобы страдать и умирать». (Он позволяет мне спорить с Ним. Он очень терпелив.) Господь ответил: «Вам вовсе не обязательно страдать. Я всем вам даровал свободную волю, чтобы вы, при желании вернуться ко Мне, выбирали добро вместо зла».

Итак, посредством зла Бог проверяет, предпочтем ли мы Его дары или же Его Самого. Он сотворил нас по Своему образу и подобию и дал нам силу обрести свободу. Но мы пренебрегаем этой силой.

Космическая кинолента

Относительно двойственности, то есть добра и зла, я хотел бы объяснить вам еще кое-что. Если бы кинорежиссер снимал картины только об ангелах и ежедневно показывал их на утренних, дневных и вечерних сеансах, то ему вскоре пришлось бы оставить свое дело. Для того чтобы удержать интерес публики, он должен снимать разные фильмы. Ведь положительный герой становится намного привлекательнее, когда в сюжете есть злодей! И, кроме того, мы так любим динамичные сюжеты! Мы совсем не прочь посмотреть захватывающий фильм об опасностях и катастрофах, потому что мы знаем: это всего лишь кино. Я помню, как однажды меня повели на фильм, в котором главный герой умирает. Какая это была трагедия! Я остался на следующий сеанс только для того, чтобы снова увидеть героя живым. И только тогда я ушел из кинотеатра.

Если бы вы могли видеть, что происходит за «экраном» этой жизни, вы бы вообще не страдали. Жизнь — всего лишь космическая кинопостановка. И это кино, которое Бог показывает на нашем земном экране, ничего для меня не значит. Мое внимание устремлено на луч Божественного Света, проецирующий кинокадры на экран жизни. И я вижу, что картина всей Вселенной возникает именно из этого луча.

В другой раз я был в кинотеатре и смотрел волнующую драму. Заглянув в проекционную будку, я увидел, что киномеханика совершенно не интересовало происходящее на экране — он ведь уже не раз видел все это. Он просто сидел и читал книгу. Киноаппарат себе стрекотал, слышались звуки, луч света рисовал на экране реалистичные картины. А в зале сидела публика, целиком поглощенная разворачивающимся действом. И я подумал: «Господи, Ты как тот человек в кинобудке. Ты поглощен Своим собственным блаженством, любовью и мудростью. Твой аппарат космического закона рисует на экране Вселенной сцены ревности, любви, ненависти и мудрости, но Сам Ты остаешься за пределами написанных Тобою сценариев». Из века в век, от цивилизации к цивилизации на экране одни и те же сюжеты, только роли играют разные актеры. Я думаю, что Богу все это порядком наскучило. Он уже от этого устал. Удивительно, как это Он еще не вытащил вилку из розетки и не остановил это кино!

Когда я отвел взгляд от луча света, который проецировал на экран захватывающие сцены, и посмотрел на публику в зале, я увидел, что люди испытывали те же эмоции, что и актеры в фильме. Они страдали вместе с положительным героем и негодовали на действия злодея. Для публики эти переживания были полны трагизма. Для киномеханика это были всего лишь картинки. Так же и для Бога. Из света и тени Он создает картины героев и злодеев, добра и зла, — а мы в них и публика, и актеры. И все наши беды оттого, что мы слишком сильно отождествляем себя с персонажами спектакля.

Без теней, равно как и без света, не было бы никакого фильма. Зло — это тень, которая превращает единый луч Божьего света в картины и формы. Зло — это тень Бога, благодаря которой возможна наша драма. Черные тени зла вкраплены в чистый белый луч Божьих добродетелей. Он хочет, чтобы мы не воспринимали эти кадры всерьез. Режиссер фильма относится к убийствам, страданиям, комедийным и трагическим сюжетам как к средствам, помогающим завоевать внимание публики. Он стоит в стороне от самого действа и только направляет его и наблюдает за ним. Бог хочет, чтобы мы относились ко всему отстранённо, чтобы мы осознавали себя лишь актёрами и зрителями Его космического спектакля.

Бог имеет всё, но тем не менее у Него есть одно желание: Он хочет знать, кого этот фильм не сможет напугать и кто из нас хорошо исполнит свою роль и вернётся к Нему. Из этой Вселенной невозможно сбежать, но если вы будете играть свою роль, устремившись умом к Богу, вы обретёте свободу.

Для того, кто познал Бога, не существует зла

Путь к высшему блаженству не дано отыскать ни учёному, ни людям материалистического склада ума. Это под силу лишь тому, кто следует совету духовных учителей, которые говорят: «Вернись в кинобудку Бесконечного, и ты увидишь, как проецируются эти космические фильмы. Тогда Божий мир и Его спектакль не будут причинять тебе проблем».

Единственное, чего я хочу, — это помочь людям. И до тех пор, пока бьётся моё сердце, я буду стараться помогать им, убеждая их не участвовать в этой киноленте иллюзий. Вы страдаете, потому что сейчас вы её часть. Вы должны стоять в стороне и просто наблюдать — тогда вы не будете страдать. Когда вы станете наблюдателем, вы сможете наслаждаться всем этим спектаклем. Это то, чему вы должны научиться. Для Бога это всего лишь кинофильм, а когда душой вы с Богом, это становится кинофильмом и для вас.

Почему зло является частью Божьего творения

Я расскажу вам одну историю. Как-то раз царю приснилось, что он бедняк. И сквозь сон он жалобно просил подать ему пару медяков на кусок хлеба. Наконец его разбудила царица и сказала: «Что с тобой? Твоя казна полна золота, а ты просишь подать тебе пару медяков!»

Царь пришел в себя и облегченно вздохнул: «Фу, какой вздор! Мне приснилось, что я бедняк и умираю от голода из-за того, что у меня нет даже медяка».

В такой же иллюзии пребывают и те, кому снится, что они смертны, что их терзают ночные кошмары всевозможных болезней, страданий, бедствий и горя. Единственный способ очнуться от этих кошмаров — стать более привязанным к Богу и менее привязанным к миражам этого мира. Вы страдаете именно оттого, что уделяете много внимания не тому, чему следует. Если вы привязаны к людям, алкоголю, деньгам или наркотикам, вы будете страдать. Ваше сердце будет разбито. Вы должны отдать свое сердце Богу. Чем больше вы будете искать успокоения в Нем, тем скорее исходящие от Него мир и покой поглотят ваше беспокойство и страдание.

Вы страдаете оттого, что позволили себе стать восприимчивыми к порокам этого мира. Вы должны научиться быть духовно стойкими, духовно сильными. Делайте все, что вы должны делать, получайте от этого удовольствие, но в душе говорите: «Господи, я — Твое дитя, сотворенное по Твоему образу и подобию. И мне ничего не нужно. Только Тебя жаждет моя душа, только Тебя!» Истинный верующий, который следует этому принципу и который достиг такого понимания, обнаружит, что в этом мире для него не существует зла.

«В Божественном замысле нет места жестокости, ибо в Божьих глазах не существует ни добра, ни зла — лишь картинки, сотканные из света и тени. Господь пожелал, чтобы мы смотрели на двойственные сцены жизни так, как смотрит на них Он Сам — вечно радостный Свидетель потрясающей космической драмы.

Человек ошибочно отождествил себя с псевдодушой — эго. Когда он переносит ощущение себя на свою подлинную сущность, бессмертную душу, он обнаруживает, что боль нереальна. Он уже и представить себе не может состояние страдания».

— из книги «Высказывания Парамахансы Йогананды»

ЧАСТЬ II

Зачем Бог сотворил этот мир[*]

Читая захватывающий роман, вы видите борьбу противоположностей — добра и зла — и думаете, как это ужасно, когда побеждает зло. В одной главе романа герою угрожает смерть, но уже в другой все улаживается и он спасен. Вы должны понять, что жизнь каждого из нас — это и есть написанный Самим Богом роман. Вам не постичь его глубины — ограничения вашего одурманенного *майей* ума не дадут вам это сделать. Сначала преодолейте заблуждения и обретите единство с Богом. Тогда вы поймете, зачем Он сотворил этот мир[**].

---

[*] Фрагменты из выступления 16 декабря 1945 года. Полностью текст этого выступления опубликован в книге *Journey to Self-Realization* (рус. *Путь к Самореализации*) издательства Self-Realization Fellowship [Paramahansa Yogananda. *Collected Talks and Essays*. Vol. III].

[**] *Майя* — заложенная в структуре мироздания космическая иллю-

Но мы вправе спросить Бога, зачем Он это сделал. Для этого есть повод, и далеко не один. Прежде всего, не может быть, чтобы этот мир был для Него столь уж необходим, ведь в таком случае Бог оказался бы несовершенным: Ему нужно было бы получить что-то от этого мира. Но святые свидетельствуют, что Он совершенен, и я убедился в этом на собственном опыте — я тоже с Ним общаюсь...

Мир — Божье увлечение

Поскольку Бог совершенен, этот мир не нужен Ему для развития — для Него это своего рода увлечение, хобби. Здесь можно провести аналогию с художниками. Есть два их типа: коммерсанты от искусства, зарабатывающие им себе на жизнь, и те, кто создает — лишь ради собственного удовольствия — легкие, как паутина, крылья искусства, не имеющие рыночной ценности. Мы не можем думать, что Бог является творцом первого типа, ведь Он не получает ничего от Своего искусства. Он подобен состоятельным людям, которые

зия, из-за которой Единое Целое представляется множеством. *Майя* — это принцип относительности, контрастности, двойственности, противоположности; это Сатана (ивр. — «противник») в Ветхом Завете. Парамаханса Йогананда писал: «На санскрите слово *майя* буквально означает „измеритель". *Майя* — магическая сила, из-за которой в Неизмеримом и Нераздельном создается видимость присутствия ограничений и деления... Единственная функция Сатаны (то есть *майи*) в Божественном замысле-игре (*лиле*) состоит в том, чтобы отвлекать человека от Духа к материи, от Реальности к ирреальному... *Майя* — это покров преходящих состояний в Природе, бесконечного рождения новых форм; это покров, который каждый человек должен отбросить, чтобы увидеть за ним Творца, неизменяемое Неизменное, вечную Реальность».

порой имеют причудливые и дорогие увлечения, потому что они могут себе их позволить. Я познакомился с одним таким человеком в Цинциннати. Его увлечением была его большая ферма. Находясь однажды у него в гостях, я заметил: «А ведь ваша ферма не окупает себя». И он ответил: «Вы правы. Яйцо, которое я сейчас ем, обходится мне в девяносто центов. На рынке я мог бы купить такое же почти задаром».

Итак, этот мир — Божье хобби. Но тем, кто в нем страдает, совсем не весело. Я часто спрашиваю Господа: «Если Ты хотел Себе забаву, зачем же Ты сделал так, что неотъемлемой ее частью стали боль, рак и эти ужасные страдания?» Конечно, я живу в этом мире не для того, чтобы навязывать свои мысли Богу. Я это знаю. Но все же я осмеливаюсь высказывать Ему свои возражения.

Он посмеивается надо мной и говорит: «В последней главе люди узнают ответы на все вопросы».

И хотя я знаю ответ, я спорю от имени тех, кто не знает: «Это может быть игрой для Тебя, Господи, но для тех, кто не знает, что это всего лишь игра, это мучения и смерть. Двое женятся и думают, что встретили любовь всей своей жизни. Затем один из них умирает — не трагедия ли это? Или некто разбогатевший на растущих акциях думает, что наконец-то обрел счастье, а затем узнает о биржевом крахе и в отчаянии выбрасывается из окна — разве это не ужасно? А все эти соблазны секса, вина и денег — они ведь исходят не только извне, но и изнутри. Как может человек оправдать все это? И почему существуют бандиты, душевнобольные и все прочие ужасные явления? Почему существуют инфекции, которые каждый год уносят жизни стольких людей? Если собрать вместе кости всех, кто умер от разных болезней, получилась бы гора высотой с Гималаи; и все же для Тебя, Господи, это лишь забава! А как же быть жертвам Твоей забавы?»

И Господь отвечает: «Я сотворил людей по Моему образу и подобию. Когда вы познаете, что вы — частица Меня, вы сможете жить в этом мире и наслаждаться им, как это делаю Я».

Таков окончательный ответ. Мы не смотрим на этот мир так, как на него смотрит Бог.

Смотрите на мир открытыми глазами

На примере одной аналогии я покажу вам, как в этом мире все перевернулось и пошло наперекос. Если сейчас в этой комнате я вдруг закрою глаза и пущусь в неистовый пляс, забыв обо всем, что находится вокруг, и о том, что я ничего не вижу, вы закричите мне: «Осторожно! Вы упадете или обо что-нибудь ударитесь!» Но я буду упорствовать: «Нет, все нормально». Потом я действительно споткнусь обо что-то, упаду, сломаю ногу и запричитаю: «Почему это случилось именно со мной?» Вы ответите: «Зачем же вы закрыли глаза и стали плясать, ничего не видя?» Тогда я воскликну: «О Боже! Действительно, зачем же я стал плясать с закрытыми глазами?»

Поскольку ваши глаза закрыты, вам трудно избавиться от мысли, что этот мир ужасен. Но если вы, исполнившись мудрости и безмятежности, будете смотреть на мир открытыми глазами — так, словно смотрите кинофильм, — то увидите, что этот мир полон радости.

У вас есть выбор: участвовать в драме или возвыситься над ней

Можно сказать, что Бог создал этот мир не только ради забавы, но и потому, что хотел сотворить совершенные души, которые возвратились бы к Нему. Он окутал их покровом иллюзии, *майи*, и направил сюда, но при этом наделил их свободной волей. Это величайший дар Бога. Он не отказал человечеству в свободе выбора, которой располагает Сам. Он позволил самому человеку выбирать, быть ли ему добрым или злым, и делать все, что ему заблагорассудится — даже отрицать Бога. Существует как добро, так и зло, но никто не принуждает вас быть злым, если только вы сами сознательно не выберете зло. И никто не может заставить вас быть добродетельным, если только вы сами этого не захотите. Сотворяя нас, Бог дал нам способность применять Его дары разума и свободной воли, благодаря которым мы можем вернуться к Нему, когда сами того захотим. Мы подобны библейскому блудному сыну, и Господь постоянно призывает нас вернуться Домой.

Идеал жизни каждого человека должен состоять в том, чтобы быть добрым и счастливым, а также суметь отыскать Бога. Вы никогда не будете счастливы, пока не найдете Бога. Именно поэтому Иисус сказал: «Ищите же прежде Царства Божия»*. Такова цель нашего существования: стремиться к добру и совершенству и, пользуясь свободной волей, выбирать добро, а не зло. Бог наделил нас всем необходимым для того, чтобы мы могли это делать. Наш ум подобен эластичной ленте. Чем больше ее тянешь, тем сильнее она растягивается. Эластичный ум

---
* Мф. 6:33.

никогда не порвется. Всякий раз, когда вам что-то препятствует, закрывайте глаза и говорите: «Я — Бесконечность», и тогда вы увидите, какой силой вы обладаете.

Ни радость от чувственных наслаждений, ни радость обладания какой-либо вещью не может сравниться с Божьей радостью. Обладая всем от вечности к вечности, Бог все же однажды подумал: «Я всемогущ, Я — сама Радость, но нет никого вокруг, кто бы мог насладиться Мною». И, начав творить, Он решил: «Сотворю-ка Я души по Моему образу и подобию, облачу их в человеческую плоть и наделю их свободной волей, чтобы посмотреть, будут ли они искать Моих материальных благ, искушений деньгами, вином и плотью, или же устремятся к ни с чем не сравнимой пьянящей радости Моего сознания». Больше всего меня радует мысль о том, что Бог очень добр и справедлив. Он наделил человека свободой принять Его любовь и жить в Его радости или же отвергнуть все это и жить в иллюзии, в неведении о Нем.

Богу принадлежит все сотворенное; Ему недостает лишь одного — нашей любви. Когда Он нас создавал, Ему хотелось что-то получить, и это что-то — наша любовь. Мы можем держать эту любовь при себе, а можем отдать Ему. И Господь будет терпеливо ждать — до тех пор, пока мы не будем готовы предложить Ему свою любовь. Когда это произойдет, когда блудный сын вернется Домой, упитанный телец мудрости пойдет на праздничное заклание и воцарится великая радость. Когда душа возвращается к Богу, все святые в самом деле радуются на небесах. Таков подтекст Иисусовой притчи о блудном сыне.

Посмотрите на себя с высоты интроспекции

Жизнь гораздо разнообразней, чем мы можем себе вообразить. Все земное выглядит таким реальным — какой же тогда должна быть та Реальность, которая создает эту нереальную реальность! Но нереальная реальность заставляет вас забывать о Реальном. Бог хочет, чтобы вы помнили: когда земная жизнь станет для вас чем-то вроде кинофильма, она вам понравится. Тогда, даже если бренные кости вашего тела вдруг начнут ломаться, вы сможете просто сказать: «Глянь-ка, кость сломалась!», — и не почувствовать при этом боли или неудобства. Вы сможете так сказать, только когда глубоко утвердитесь в Божественном Сознании. Если вы с высоты интроспекции (самоанализа) проследите за тем, как вы сами играете в фильме жизни, вас немало позабавят ваши привычки и очень удивят особенности вашего характера. Я занимаюсь этим все время. Когда вы будете знать, что мир — это Божья *лила*, игра, Божественный спектакль, вас уже не будут расстраивать перипетии этой драмы добра и зла.

Во сне вы можете видеть людей богатых и бедных, сильных и стенающих от боли, умирающих и рождающихся. Но просыпаясь, вы понимаете, что это лишь сон. Эта Вселенная — сон Бога. И когда я спрашиваю Его: «Почему Тебе не снятся только хорошие сны? Почему Твой спектакль изобилует кошмарами?», Он отвечает: «Ты должен научиться наслаждаться космической драмой — воспринимать кошмары и приятные переживания как сновидения, каковыми они и являются на самом деле. Если же тебе будут сниться только прекрасные сны, ты так погрузишься в их красоту, что вообще не захочешь просыпаться». Таков Его ответ. Поэтому не пугайтесь, когда вас одолевают кошмары, просто говорите: «Господи, это всего лишь мимолетный сон. Он нереален». А когда вы излучаете здоровье и счастье, говорите: «Господи, это прекрасный сон. Но Ты можешь делать со снами моей жизни все, что хочешь». Когда вас уже не будут волновать страшные сны болезней, страданий и тревог и в то же время вы не будете привязаны к прекрасным снам, Бог скажет: «Проснись, дитя Мое! Пора возвращаться Домой».

Отделите реальное от нереального

В детстве мне часто снилось, что за мной гонится тигр, и когда он хватал меня за ногу, я громко кричал сквозь сон. Мать подходила ко мне, трясла за плечо и говорила: «Успокойся, все в порядке. Никакого тигра нет. Твоя нога цела». Из этого детского сна я вынес первый удивительный урок, который дал мне Бог. Когда тот тигр снился мне в последний раз, я сказал: «Этот фокус больше не пройдет. Никакой тигр меня за ногу не кусает», — и тотчас же проснулся. Сон развеялся и никогда уже больше не повторялся. С тех пор я был бдителен и даже во сне старался отделять реальное от нереального.

Святые — это те, кто бодрствует и спит одновременно. С одной стороны, они пробуждены в Боге, с другой — видят сон о своей нынешней инкарнации. Но они могут быстро пробудиться от этого сна. Когда по какой-либо причине в моем теле возникает боль, я фокусирую свой взгляд здесь, между бровями, — на *Кутастхе*, центре Христова Сознания, после чего перестаю чувствовать боль, а немного спустя вообще перестаю видеть или ощущать свое тело*.

Итак, помните: мир — это сон Бога. И если мы сонастроены с Богом, наша жизнь будет божественно пьянящей и ничто не будет нас тревожить. Мы будем созерцать этот космический фильм так же, как смотрим фильмы в кинотеатре, — не подвергаясь страданиям. Бог создал нас, чтобы мы воспринимали нашу жизнь-сон так, как это делает Он. Погруженный в Свою вечную радость, Он наслаждается Своим сном и всеми его контрастными переживаниями как забавой, неспособной оказать на Него никакого воздействия.

---

*«„Разве не знаете, что вы храм Божий и дух Божий живет в вас?“** Если вы сумеете с помощью медитации очистить и расширить свой ум, чтобы принять Бога в свое сознание, вы тоже станете свободны от иллюзии болезней, ограничений и смерти».*

Парамаханса Йогананда
The Divine Romance
(рус. *Божественный роман*)

---

* Христово Сознание — присущее вибрационному мирозданию спроецированное сознание Бога. В Библии оно — «Единородный Сын», единственно чистое отражение Бога Отца во всем сущем; в индуистских священных писаниях — *Кутастха-Чайтанья*, или *Тат* (вездесущий в мироздании Космический Разум Духа). Это то универсальное, единое с Богом Сознание, которое было проявлено в Иисусе, Кришне и других аватарах. Святые и йоги знают его как состояние *самадхи*, в котором сознание отождествляется с разумом каждой частицы мироздания; они ощущают всю Вселенную как свое собственное тело.

** 1Кор. 3:16.

Отвеченная молитва

Однажды я пришел в кинотеатр посмотреть кинохронику событий на фронтах Европы. Первая мировая война все еще гремела на Западе, и хроника показывала эту кровавую бойню столь реалистично, что я покинул кинотеатр с растревоженным сердцем.

«Господи, — взмолился я, — почему Ты допускаешь такие страдания?»

К моему великому удивлению, ответ не заставил себя ждать и мне пришло видение о том, что происходило в тот самый момент на полях сражений Европы. Сцены, переполненные убитыми и умирающими, по жестокости намного превосходили любую кинохронику.

«Смотри внимательно! — донесся до моего внутреннего слуха мягкий голос. — Ты увидишь, что эти сцены, которые разыгрываются сейчас во Франции, не более чем игра светотени. Они суть космический фильм, такой же реальный и такой же нереальный, как и кинохроника, которую ты только что видел, — игра в игре».

На сердце у меня все еще было неспокойно. Божественный голос продолжил: «Мир — это свет и тени, без которых изображение невозможно. Добро и зло *майи* должны всегда попеременно одерживать верх друг над другом.

Если бы счастье в этом мире ничем не омрачалось, разве захотел бы человек жить в другом мире? Без страданий он вряд ли вспомнит, что он оставил свой вечный Дом. Боль же побуждает его вспомнить об этом. Путь к спасению кроется в мудрости. Трагедия смерти нереальна. Те, кто страдает в ней, похожи на невежественного актера, который умирает на сцене от страха, когда в него стреляют холостыми патронами. Мои сыновья — дети Света, они не будут вечно спать в иллюзии».

И хотя я читал в священных книгах описания *майи*, они не дали мне столь глубокого понимания и прозрения, какое пришло мне в видении, сопровождавшемся утешительными словами. Ценности человека коренным образом меняются, когда он наконец полностью осознает, что мир — это лишь грандиозный фильм и что его собственная реальность не в этом фильме, но за его пределами.

Парамаханса Йогананда
«Автобиография йога»

«Йога — это наука, благодаря которой душа обретает власть над телом и умом и использует их для того, чтобы достичь Самореализации — пробуждения осознания своей трансцендентной, бессмертной природы, единой с Духом. Принимая облик индивидуального „Я", душа нисходит из всеобщности Духа и отождествляется с ограниченностью тела и чувственного сознания...

Перенеся центр осознания, восприятия и чувства с тела и ума на душу, что есть ваше подлинное, бессмертное, трансцендентное „Я", вы, подобно мастерам йоги, обретете власть над жизнью и победу над смертью».

Парамаханса Йогананда

ЧАСТЬ III

Вселенское действо[*]

~~~~~~~

Этот мир — Божественный спектакль

Проникнув в тайны бытия и познав его Первопричину, *риши* Древней Индии провозгласили, что Бог совершенен, что Он ни в чем не нуждается, ибо все содержится в Нем Самом, и что этот мир — Божья *лила*, игра, Божественный спектакль. Господь, как малое дитя, любит играть, и Его *лила* — это бесконечное разнообразие форм и событий постоянно изменяющегося мира.

Я размышлял так: Бог был бесконечным всеведущим Блаженством, но, поскольку Он был один, никто, кроме Него, не мог наслаждаться этим Блаженством. Поэтому Он сказал: «Сотворю-ка Я Вселенную и разделю Себя на множество душ, чтобы они могли играть со Мной в разворачивающейся драме, которую Я сотворил».

---

[*] Фрагменты из выступления 9 декабря 1945 года. Полностью это выступление опубликовано в книге *Journey to Self-Realization* (рус. *Путь к Самореализации*) издательства Self-Realization Fellowship [Paramahansa Yogananda. *Collected Talks and Essays*. Vol. III].

Своей магической разделяющей силой *майи* Он сделал Себя двойственным — Духом и материей, мужчиной и женщиной, положительным и отрицательным[*]. Но, сотворив Вселенную из иллюзии, Сам Он остался этой иллюзии неподвластен. Он знает, что все сущее — не что иное, как многообразие форм Его единого Космического Сознания. Чувственный и эмоциональный опыт, драматические события войн и мирного времени, болезнь и здоровье, жизнь и смерть — все происходит в Боге как в Сновидце-Творце всего сущего, но Сам Он остается неподвержен их влиянию. Одна часть Его Бесконечного Существа простирается за пределами вибрационной двойственности и всегда остается трансцендентной; в этой Своей ипостаси Бог неактивен. Когда Его Сознание вибрирует мыслями многообразия, Он становится имманентным и вездесущим Творцом в конечной вибрирующей сфере бесконечности. В этом Своем проявлении Он деятелен. Вибрация порождает предметы и существа, которые взаимодействуют в пространстве и времени, — точно так же, как вибрации человеческой мысли порождают сновидения во время сна.

Соединившись с Богом, мы перестанем страдать

Бог сотворил эту Вселенную-сон для того, чтобы развлекать Себя и нас. И у меня есть только одно возражение против Божьей *лилы*: «Господи, почему Ты допускаешь, чтобы в этой игре были страдания?» Боль так ужасна и мучительна. И существование уже становится не забавой, а трагедией. И вот тут к нам на помощь приходят святые.

---

[*] См. примечания о *майе* на стр. 11-12.

Они напоминают нам, что Бог всемогущ и что, если мы с Ним соединимся, нам ничто уже не причинит боли в Его спектакле. Мы сами причиняем себе боль, когда нарушаем божественные законы, на которых зиждется все мироздание. Наше спасение — в единении с Богом. Мы обречены страдать до тех пор, пока не сонастроимся с Ним и не осознаем, что этот мир — всего лишь космическое представление. По всей видимости, лишь страдание способно напомнить нам о том, что мы должны стремиться к единению с Богом. Тогда, подобно Ему, мы будем получать удовольствие от этого фантастического спектакля.

Если мы будем глубоко размышлять о таких вещах, нам откроются удивительные истины. Я делаю это постоянно. И даже сейчас, даже когда я разговариваю с вами, я вижу эти истины. Было бы действительно ужасно, если бы Всемогущий Господь загнал нас в это иллюзорное бытие без возможности выбраться из него, то есть осознать то, что осознает Он. Но это не так. Выход существует. Каждую ночь в состоянии глубокого сна вы бессознательно забываете об этом мире — он исчезает. И всякий раз, когда вы погружаетесь в глубокую медитацию, вы сознательно выходите за пределы этого мира. И он так же перестает существовать для вас. Поэтому святые и говорят, что единение с Богом — это единственный путь, пройдя который, можно понять, что этот мир не есть то, чему стоит придавать слишком большое значение.

Если бы вы познали свою бессмертную природу, земная драма уже не волновала бы вас

Можно, конечно, сказать, что Богу не следовало бы создавать мир, в котором так много горя. Но, с другой стороны, святые говорят, что, если бы вы знали, что вы боги*, этот мир не беспокоил бы вас. Вы ведь предпочитаете смотреть динамичные фильмы, а не что-то скучное, не так ли? Точно так же и мир должен быть для вас забавой. Смотрите на земную жизнь как на кино, и тогда вы узнаете, зачем Бог сотворил ее. Наша беда заключается в том, что мы забываем видеть в ней Божественный спектакль.

В Священном писании Бог говорит, что мы сотворены по Его образу и подобию. Поэтому мы могли бы воспринимать мировую драму подобно Ему — как кино, если бы только, заглянув в себя, мы увидели совершенство нашей души и осознали свое единство с Богом. Тогда бы этот космический кинофильм со всеми ужасами болезней, нищеты и атомных бомб казался бы нам не более реальным, чем события, которые мы видим в кино. После просмотра фильма мы знаем, что в действительности никого не убили и никто не пострадал. На самом деле эта истина и есть единственный ответ, который я вижу, когда смотрю на драму жизни. Она не более чем игра света и тени, проецируемая кинопроектором. Все является вибрациями Божьего сознания, сконденсированного в электромагнитные образы. Сущность этих образов нельзя ни разрубить мечом, ни сжечь, ни утопить, ни причинить ей какую бы то ни было боль. Она не была рождена, и она не умрет. Она лишь проходит через незначительные изменения**. Если бы мы могли смотреть на этот мир

---

* «Не написано ли в законе вашем: „Я сказал: вы боги"?» (Ин. 10:43).
** «Это истинное „Я" никогда не рождается и не умирает; однажды возникнув, оно никогда не прекратит своего бытия. Оно вечно и неизменно (неподвластно времени) — всегда то же. Оно не погибает со смертью тела... Оружие не может пронзить душу, огонь не может ее испепелить, вода не может ее поглотить, ветер не может ее иссу-

так, как на него смотрят Бог и святые, мы были бы свободны от кажущейся реальности этого сна.

Пробудитесь от космического сна

Когда вы, пребывая в полусне, видите сон и знаете, что это сон, вы все же пребываете вне его. Именно так Бог воспринимает этот мир. С одной стороны, Он пробужден и пребывает в вечно новом Блаженстве, а с другой — видит во сне этот мир. И вам нужно точно так же воспринимать его. Тогда вы поймете, зачем Бог сотворил его, и не будете приписывать своей душе то, что происходит во сне. А проходя через кошмары, вы будете знать, что это не более чем сон. Если вы сможете жить в мире с таким сознанием, вы не будете страдать. Это то, что вам даст *Крийя-йога*. Это то, что вы вынесете из *Уроков Self-Realization Fellowship*, если будете правильно их практиковать*. Именно на этих учениях вы должны сосредоточить свое внимание, а не на моей или какой-то другой личности. И важно не просто читать об этих истинах, важно ими жить. Чтение не приносит мудрости, ее приносит осознание.

Поэтому я редко читаю. Мой ум постоянно сосредоточен на центре Христова Сознания, *Кутастхе*. Во всепроникающем свете Космического Разума мир предстает совсем иным! Иногда я вижу все происходящее в

шить... Душа нерассекаема; ее нельзя сжечь, потопить или иссушить. Душа неизменна, вездесуща, всегда безмятежна и невозмутима — вечно та же» (*Бхагавад-Гита: Беседы Бога с Арджуной* II:20,23,24).

* *Крийя-йога* — священная духовная наука, зародившаяся в Древней Индии. Она включает в себя определенные техники медитации, преданная практика которых ведет к познанию Бога. Этим техникам обучает общество Self-Realization Fellowship.

виде электрических изображений: тела не имеют ни веса, ни плоти. Читая о чудесах науки, вы сами не становитесь мудрецом, потому что столько всего еще нужно познать! Читайте книгу жизни, сокрытую внутри, во всеведеньи души, — она всего лишь за темнотой закрытых глаз. Откройте для себя эту безбрежную сферу Реальности. Относитесь к этому миру как ко сну, и тогда вы поймете, что это не так уж плохо — лежать в земной постели и видеть сон жизни. Тогда вы уже не будете тревожиться, ибо будете знать, что это всего лишь сон.

Религиозные учителя Запада читают проповеди о благополучии, счастье, здоровье и обещают прекрасную жизнь после смерти. Но они не учат тому, как на собственном опыте познать Небесное Блаженство и стать неуязвимым для боли здесь и сейчас. Вот тут-то учения великих индийских *риши* и демонстрируют свою глубину. Западные люди осуждают духовных учителей Востока за то, что те якобы проповедуют негативную философию жизни: мол, неважно, что вы страдаете, неважно, счастливы вы или нет, — отрекитесь от мира. Но дело обстоит иначе. Индийские учителя спрашивают: «Что вы будете делать, когда придут страдания и боль? Будете ли вы беспомощно стенать или же прибегнете к методам, которые помогут вам возвыситься над недугом и оставаться невозмутимым, пока вы лечите его?» Они призывают вас предпринимать разумные действия, которые могут принести исцеление и одновременно помочь вам обрести контроль над своими эмоциями, чтобы никакие страдания не заставили вас отчаяться, если здоровье все же покинет вас. Иными словами, они подчеркивают, что очень важно укрепиться в незамутненном счастье души, которое не могут омрачить ни капризные ветры чудесных снов жизни, ни разрушительные бури ее кошмаров. Те, кто по привычке цепляется за материалистическое сознание, не желают прилагать усилий для того, чтобы достичь такого состояния неуязвимости. Когда приходит несчастье, они не выносят из него никаких уроков и, таким образом, повторяют одни и те же ошибки.

Не уделяйте преходящим сценам жизни внимания большего, чем они заслуживают. Вы есть бессмертное «Я», лишь временно обитающее во сне, который иногда оборачивается кошмаром. Такова высшая философия духовных учителей Индии.

Эмоциональная чувствительность — причина страданий

Не будьте чрезмерно чувствительными. Эмоциональная чувствительность — это скрытая причина всех страданий. Вовлекаться эмоционально в перипетии того, что происходит в этом мире, — значит наделять его силой реальности; это глупо. Ваше счастье постоянно подвергается угрозе, когда вы, вместо того чтобы сидеть в тишине, медитировать и осознавать свое «Я», бессознательно несетесь в вечном потоке творения. Может случиться так, что когда-нибудь ваше тело тяжело заболеет, и, несмотря на ваше желание ходить и заниматься делами, к которым вы привыкли, когда были моложе и здоровее, вы обнаружите, что вы уже не в состоянии все это делать. Для души это ужасный удар. Пока еще не пришел этот день, сделайте себя свободными настолько, чтобы вы могли относиться к телу отстраненно, как будто оно не ваше.

Одна из наших учениц страдала очень серьезным заболеванием колена, при котором разрушались костные ткани. Не знаю, сколько операций она перенесла и сколько раз ей зашивали эту ногу. Но она относилась к этому как к чему-то незначительному. «Да это пустяковая операция», — говорила она небрежно. Вот каким должно быть отношение к жизни! Культивируйте в себе такой настрой ума, который делает вас сильными.

Даже если у вас нет времени для длительных и глубоких медитаций, всегда думайте о том, что вы работаете для Бога. Если ваш ум сумеет неотлучно пребывать с Ним, вы никогда не будете страдать; никакие болезни и страдания не смогут возмутить ваш внутренний покой. Моему телу тоже случается болеть, но я обращаю взгляд вовнутрь — и все растворяется в лучезарном свете Бога. Когда вы смотрите кино, вас радуют сюжетные контрасты: противоборство добра и зла, сцены радости и горя. И этот мир станет для вас таким же развлечением. Всегда говорите: «Господи, что бы Ты ни делал — все хорошо». Но до тех пор, пока вы не осознаете, что все это — сон, вы не поймете, зачем Бог сотворил этот мир.

Уподобьтесь Богу — деятельному и созерцательному

Я думаю, что Бог решил сотворить этот мир, чтобы занять Себя делом. Пусть это послужит стимулом для духовных искателей. Многие думают, что они могут обрести Бога и вырваться из этого сна только в том случае, если отбросят все свои дела и обязанности и уединятся где-нибудь в Гималаях или в другом безлюдном месте. Но все не так просто. Ваш ум все еще будет поглощен эмоциями и беспокойством. Да и телу придется активно поработать, чтобы не замерзнуть, чтобы утолить голод и другие потребности. В гуще городской жизни Бога найти легче, если соблюдать равновесие между медитацией и полезным, добросовестным трудом. Уподобьтесь Богу — деятельному и созерцательному. Пребывая в мире, Он радостно-деятелен; вне его Он неподвижен и безмятежен в Своем блаженстве. Благодаря тому, что я упорно медитировал, пытаясь найти Бога, я вкушаю Его блаженство, даже будучи поглощен делами. Поэтому деятельность мне никак не вредит. Я, конечно, могу сказать, что в окружающей меня двойственности не все мне нравится, но внутренне я спокоен и подобен стали: «Спокойно активный и активно спокойный, принц покоя управляет царством своей активности, восседая на троне внутреннего равновесия».

На первый взгляд может показаться, что из совершенства Бог сотворил несовершенных существ. Но на самом деле несовершенные существа совершенны, ибо души сотворены по образу Божьему. Бог хочет, чтобы вы отделили свое иллюзорное несовершенство от своего совершенного «Я». Это все, чего Он от вас хочет. Когда вы думаете о своей бренной жизни, обо всех своих бедах и отождествляете себя с ними, вы поступаете несправедливо по отношению к образу Бога в себе. Утверждайте про себя: «Я не смертное существо, я — Дух», — и осознайте это.

И во зле и в добре Бог зовет нас вернуться к Нему

Бог постоянно пытается вернуть Своих детей к их изначальному совершенству. Поэтому даже в людях злых мы можем видеть стремление к Богу, пусть даже это не столь очевидно. Видели ли вы злодея, который своими поступками стремится сделать себя несчастным? Нет. Он думает, что его занятия принесут ему радость. Человек, который пьет или принимает наркотики, думает, что он получит от этого удовольствие. Повсюду мы видим людей, плохих и хороших, которые по-разному стремятся к счастью. Никто не хочет причинять себе боль. Тогда почему люди совершают зло, ведущее к боли и горестям? Такое поведение исходит от величайшего из грехов — духовного неведения. Вместо того, чтобы называть человека грешником, лучше говорить «тот, кто поступает неправильно». Можно осуждать действие, но не следует осуждать того, кто его совершает. Грехи — это ошибки, совершенные под влиянием неведения, то есть заблуждения. Все люди находятся в одинаковом положении, отличаясь друг от друга разве что уровнем понимания. Иисус сказал: «Кто из вас без греха, первый брось на нее камень»[*].

Суть одна: во всем, что бы мы ни делали, мы ищем счастья. Никто не может сказать, что он материалист, не погрешив при этом против истины, ибо каждый, кто ищет счастья, ищет Бога. Поэтому нашими поисками счастья — и во зле, и в добре — Бог зовет нас вернуться к Нему. Горе, причиняемое злом, в конечном счете направляет нас на путь радости, которую приносит добродетель. Поскольку жизнь по сути представляет собой причудливую мозаику добра и зла, прекрасных снов и пугающих кошмаров, мы должны всеми своими силами творить прекрасные сны и не отдавать себя в плен кошмарам.

---

[*] Ин. 8:7.

Подлинная мудрость — в познании Бога

Реагируя на разные события жизни, большинство людей или восхваляют Бога, или призывают бояться Его. Некоторые же Его обвиняют или проклинают. Я считаю, что это очень глупо. Разве можно найти слова, которые были бы для Него хвалой? Бога не трогает ни хвала, ни лесть, ибо у Него есть все. Большинство молитв возносятся людьми только тогда, когда они оказываются в большом затруднении. Некоторые же постоянно восклицают: «Слава Тебе, Господи!», надеясь снискать тем самым Его благосклонность. Вы можете проклинать или восхвалять Бога, но Ему нет никакой разницы. А вот для вас разница есть. Восхваляйте Его, а еще лучше — *любите*, и вы почувствуете себя лучше. Прокляните Его — и вы почувствуете, как ваше проклятие больно ударит вас самих. Восставая против Бога, вы восстаете против своей собственной истинной природы, того образа, по которому Он вас создал. Когда вы идете против этой природы, вы автоматически наказываете себя.

В юные годы я обладал довольно-таки бунтарским характером, поскольку видел вокруг так много несправедливости. Но сейчас во мне остался только один протест — против того, что люди не знают Бога. Духовное неведение, то есть незнание того, для чего нам дается жизнь, — это величайший грех. А величайшая добродетель — это мудрость, или знание смысла и цели жизни и ее Творца. Знать, что мы не просто ничтожные человеческие существа, но что мы едины с Ним, — это и есть мудрость.

Каждую ночь, когда вы спите, Бог забирает у вас ваши тревоги, стремясь показать, что вы не смертное существо, что вы — Дух. Бог хочет, чтобы вы помнили об этой истине и в бодрствующем состоянии, чтобы вас никогда не беспокоило все нежелательное в жизни. Если ночью, во время сна, мы можем существовать, не думая об этом мире и его печалях, то мы вполне можем существовать и в Божьем мире активности, не поддаваясь иллюзии Божьего сна. Хотя в сознании Бога проплывают целые призрачные миры, Он всегда бодрствует и знает, что это сон. Он говорит нам: «Не пугайтесь этого сна средь бела дня. Смотрите на Меня как на Реальность, скрывающуюся за вашим сном». Если вы здоровы и счастливы, улыбайтесь в этом сне. Когда вам снятся кошмары болезней и горя, говорите: «Пробужденный в Боге, я просто смотрю спектакль о моей жизни». Тогда вы узнаете, что Бог сотворил эту Вселенную как забаву для Себя. А вы, Божьи дети, сотворенные по образу и подобию Отца, имеете не только полное право, но и способность наслаждаться этими переменчивыми снами, как это делает Он.

Развейте призраки болезни и здоровья, горя и радости. Возвыситесь над ними. Станьте своим высшим «Я». Смотрите спектакль Жизни, но не дайте ему увлечь вас. Много раз я видел, как мое тело исчезает из этого мира. И я смеялся над смертью. Я готов к ней всегда. Она не имеет никакого значения. Я обладаю жизнью вечной. Я есть океан сознания. Иногда я становлюсь легкой волной физического тела на его поверхности, но без Божьего океана я не могу стать волной.

Смерть и тьма не могут нас устрашить, ибо мы и есть то самое Сознание, из которого Бог сотворил этот мир.

В Бхагавад-Гите Господь говорит:

Вселенское действо

«Кто познает Меня, Нерожденного, Безначального, Суверенного Владыку мира, тот побеждает иллюзию и, даже будучи в смертном теле, достигает состояния безгрешности.

Я — Источник всего; от Меня рождается все, что есть в мире. Мудрый, осознавший это, Меня благоговейно почитает. Верующие в Меня — всеми своими мыслями устремленные ко Мне и всем своим существом преданные Мне, — друг друга просветляя и Мое Имя восхваляя, всегда радостны и довольны…

Из абсолютного сострадания Я, Божественный Обитатель, рассеиваю сияющим светильником мудрости темноту, порожденную неведением».

Бхагавад-Гита: Беседы Бога с Арджуной
X:3,8,9,11.

ЧАСТЬ IV

За завесой мира таится безусловная Божья любовь

―――◆―――

Ни мирской человек, ни пророк никогда не смогут устранить неравенство и раздоры на этой земле. Но когда вы погрузитесь в сознание Бога, все эти различия исчезнут, и вы сможете сказать:

> О, жизнь сладка, а смерть — лишь сон,
> Когда песнь Твоя во мне звучит.
> И радость сладка, а грусть — лишь сон,
> Когда песнь Твоя во мне звучит.
> И здравье — сласть, а боль — лишь сон,
> Когда песнь Твоя во мне звучит.
> Хвала сладка, а брань — лишь сон,
> Когда песнь Твоя во мне звучит*.

---

* Из сборника *Cosmic Chants* (рус. *Космические песнопения*) Парамахансы Йогананды (издание Self-Realization Fellowship).

Такова высшая философия. Ничего не бойтесь. Даже если вас швыряют штормовые волны, вы все равно на груди океана. Пусть вас никогда не оставляет подспудное ощущение Божьего присутствия. Будьте невозмутимы и говорите: «Я бесстрашен; я сотворен из Божественной субстанции. Я — искра, рожденная от Огня Духа. Я — атом Космического Пламени. Я — клеточка огромного вселенского тела Отца. Я и Отец — одно».

Всеми силами своей души ищите Бога. Густая пелена иллюзии отделила нас от Него, и Ему очень жаль, что мы потеряли Его из виду. Ему прискорбно видеть, как страдают Его дети, умирая от падающих бомб, страшных болезней и нездоровых привычек. Он скорбит об этом. Он любит нас и хочет, чтобы мы вернулись к Нему. Ах, если бы каждый вечер вы делали усилие над собой, чтобы медитировать и быть с Ним! Он так много думает о вас. Вас не забыли. Это вы позабыли свое истинное «Я». Бог никогда не бывает к вам безразличен.

Единственное предназначение этого мира — побудить вас разгадать его тайну и увидеть, что за всем сущим стоит Бог. Он хочет, чтобы вы забыли обо всем и устремились лишь к Нему одному. Обретя убежище в Боге, вы утратите осознание жизни и смерти как реальности. Все двойственное будет для вас не более чем сновидениями, приходящими и уходящими в вечном бытии Бога. Не забывайте этих наставлений, которые Он дает моим голосом. Не забывайте! Он говорит:

«Я так же беспомощен, как и вы, ибо Я, будучи

вашей душой, вместе с вами привязан к вашему телу. Пока вы не освободите свое истинное „Я", Я вместе с вами буду томиться в темнице. Так не тратьте же время напрасно, ползая в болотной тине страданий и неведения. Придите! Омойтесь Моим Светом!»

Господь хочет, чтобы мы спаслись от иллюзии этого мира. Он плачет о нас, ибо знает, как нелегко нам обрести свободу в Нем. Но помните одно: вы — Его дитя. Не жалейте себя. Вы так же любимы Богом, как Иисус или Кришна. Вы должны искать Его любви, ибо в ней вы найдете вечную свободу, нескончаемую радость и бессмертие.

За тенью этого мира — лучезарный Свет Бога. Вселенная — это огромный храм Его Присутствия. Если вы медитируете, вы повсюду найдете двери, ведущие к Нему. Когда вы Им проникаетесь, никакие беды и несчастья не могут лишить вас Его Радости и Покоя.

Об авторе

Парамаханса Йогананда (1893—1952) всемирно известен как один из наиболее выдающихся духовных деятелей нашего времени. Он родился в Северной Индии, а в 1920 году приехал в США, где на протяжении более тридцати лет обучал своих последователей древней индийской науке медитации и искусству гармоничной духовной жизни. Изданная огромными тиражами «Автобиография йога» и другие книги Парамахансы Йогананды познакомили миллионы читателей с неувядающей мудростью Востока. Сегодня его духовная и гуманитарная работа продолжается под руководством брата Чидананды, президента Self-Realization Fellowship*/Yogoda Satsanga Society of India.

Удостоенный наград документальный фильм о жизни и деятельности Парамахансы Йогананды, *Awake: The Life of Yogananda*, вышел в октябре 2014 года.

---

* Буквально — «Содружество Самореализации»; произносится как [сэлф риализэйшн феллоушип]; сокр. SRF [эс-эр-эф]. Парамаханса Йогананда объяснил, что название общества означает «союз с Богом через Самореализацию (осознание своего истинного „Я") и братская дружба со всеми искателями Истины».

Учение Парамахансы Йогананды о Крийя-йоге: дополнительные ресурсы

Общество Self-Realization Fellowship всегда оказывает поддержку духовным искателям всего мира. Мы приглашаем Вас посетить наш сайт или Главный международный центр по нижеуказанному адресу, где Вы сможете найти информацию о медитациях и вдохновенных богослужениях, проводимых в наших храмах и медитационных центрах в разных странах мира, а также ознакомиться с расписанием предлагаемых лекций, классов, ретритов и других мероприятий.

www.yogananda.org

Self-Realization Fellowship
3880 San Rafael Avenue
Los Angeles, CA 90065-3219
(323) 225-2471

Из изданий Self-Realization Fellowship

Парамаханса Йогананда «Автобиография йога»

Эта знаменитая автобиография представляет собой блестящий портрет одного из самых выдающихся духовных деятелей нашего времени. Подкупая своей искренностью и неподражаемым чувством юмора, Парамаханса Йогананда ярко описывает вдохновляющие события своей жизни: неординарные переживания детства; встречи с мудрецами и святыми в пору юношества, когда он ездил по Индии в поисках просветленного учителя; десять лет духовного обучения в ашраме под руководством глубоко почитаемого мастера йоги и тридцать лет духовного наставничества в Америке. Он также запечатлел свои встречи с Махатмой Ганди, Рабиндранатом Тагором, Лютером Бёрбэнком, католической стигматисткой Терезой Нойман и другими знаменитыми духовными личностями Востока и Запада.

«Автобиография йога» представляет собой одновременно увлекательнейший рассказ о совершенно необыкновенной жизни и основательное введение в древнюю науку йоги с ее многовековой традицией медитации. Автор четко объясняет тонкие, но неизменно действующие законы, стоящие как за обыкновенными событиями повседневной жизни, так и за необыкновенными, которые принято называть чудесами. Это захватывающее повествование об удивительной жизни сопровождается проникновенными и незабываемыми экскурсами в глубочайшие тайны человеческого бытия.

Будучи классическим произведением духовного жанра, эта книга переведена на более чем пятьдесят языков и широко используется в колледжах и университетах в качестве авторитетного справочника. «Автобиография йога» — неизменный бестселлер со дня своего появления в печати более семидесяти лет назад — нашла путь к сердцам миллионов читателей со всего мира.

«Исключительно ценная работа»

— *The New York Times*

«Очаровательное, снабженное исчерпывающими комментариями исследование»

— *Newsweek*

«Ни на английском, ни на каком-либо другом европейском языке йога еще никогда не была представлена подобным образом»

— *Columbia University Press*

Книги Парамахансы Йогананды на русском языке

Издательство Self-Realization Fellowship

*Доступны на сайте www.srfbooks.org
и в других книжных интернет-магазинах*

«Автобиография йога»

«Вечный поиск»
Первый том собрания лекций, эссе и неформальных бесед Парамахансы Йогананды

«Как говорить с Богом»
Характеризуя Бога как трансцендентного всеобъемлющего Духа, Отца, Мать, Друга и всеобщего Возлюбленного, Парамаханса Йогананда показывает, насколько близок Господь к каждому из нас, а также объясняет, как сделать молитвы настолько интенсивными и убедительными, чтобы они смогли принести ощутимый ответ от Бога.

«Научные целительные аффирмации»
В этой книге Парамаханса Йогананда представляет основательное разъяснение науки аффирмации. Он доступно объясняет, почему аффирмации эффективны, а также каким образом задействовать силу слова и мысли не только с целью исцеления, но и для привнесения желаемых перемен во все сферы жизни. В книге, помимо прочего, содержится огромное многообразие аффирмаций.

«Метафизические медитации»
Более трехсот вдохновенных медитаций, одухотворенных молитв и аффирмаций Парамахансы Йогананды

«Религия как наука»
По словам Парамахансы Йогананды, в каждом человеке живет неотвратимое желание преодолеть все страдания и обрести неиссякаемое счастье. Объясняя, каким образом можно утолить это желание, он в то же время говорит об относительной эффективности разнообразных подходов, применяемых для достижения этой цели.

«Закон успеха»
В этой книге Парамаханса Йогананда разъясняет динамические принципы достижения целей

«Внутренний покой»
Практичное и вдохновляющее руководство, основу которого составляют выдержки из лекций и печатных трудов Парамахансы Йогананды. Эта книга рассказывает о том, как стать «активно спокойным» посредством медитации и «спокойно активным» посредством сосредоточения на безмятежности и радости нашей внутренней сущности, живя при этом динамичной и сбалансированной жизнью, несущей удовлетворение.

«Высказывания Парамахансы Йогананды»
Мудрость Парамахансы Йогананды, запечатленная в его чистосердечных, проникнутых любовью наставлениях всем тем, кто приходил к нему за духовным руководством

«Жить бесстрашно»
Парамаханса Йогананда объясняет, как сломить оковы страха и преодолеть психологические преграды, стоящие на нашем пути. Книга «Жить бесстрашно» ярко демонстрирует, какими мы можем стать, если просто лишь поверим в божественность нашей подлинной сущности — души.

«Быть победителем в жизни»
В этой замечательной книге Парамаханса Йогананда рассказывает, как достичь высочайших жизненных целей, раскрыв свой безграничный внутренний потенциал. Он дает практические советы по достижению успеха, описывает эффективные методы обретения неувядаемого счастья, а также учит, как преодолеть пессимизм и инерцию путем использования динамической силы собственной воли.

«Почему Бог допускает зло»
В книге «Почему Бог допускает зло» Парамаханса Йогананда раскрывает тайны *лилы* — Божественного спектакля жизни. Его комментарии даруют утешение и силы, которые так необходимы во времена испытаний. Читатель поймет, почему Господь задумал двойственную природу мира, в которой переплетены добро и зло, а также узнает, как можно возвыситься над самыми сложными обстоятельствами.

ДРУГИЕ ИЗДАНИЯ SELF-REALIZATION FELLOWSHIP

«Отношения между гуру и учеником»
Шри Мриналини Мата

*В издательстве «София» (www.sophia.ru)
можно приобрести следующие книги:*

«Автобиография йога»

«Бхагавадгита: Беседы Бога с Арджуной»
— *Новый перевод и комментарии*

В этом монументальном труде Парамаханса Йогананда раскрывает суть самого известного священного писания Индии. Исследуя психологические, духовные и метафизические глубины, он проливает свет на продолжительный путь души к озарению посредством царской науки Богопознания.

Книги Парамахансы Йогананды на английском языке

Autobiography of a Yogi

God Talks With Arjuna: The Bhagavad Gita
— A New Translation and Commentary

The Second Coming of Christ:
The Resurrection of the Christ Within You
— A Revelatory Commentary on the Original Teachings of Jesus

The Yoga of the Bhagavad Gita

The Yoga of Jesus

The Collected Talks and Essays
Volume I: Man's Eternal Quest

Volume II: The Divine Romance

Volume III: Journey to Self-realization

Wine of the Mystic:
The Rubaiyat of Omar Khayyam
— A Spiritual Interpretation

Songs of the Soul

Whispers from Eternity

Scientific Healing Affirmations

In the Sanctuary of the Soul: A Guide to Effective Prayer

The Science of Religion

Metaphysical Meditations

Where There Is Light
— Insight and Inspiration for Meeting Life's Challenges

Sayings of Paramahansa Yogananda

Inner Peace:
How to Be Calmly Active and Actively Calm

Living Fearlessly
— Bringing Out Your Inner Soul Strength

The Law of Success

How You Can Talk With God

Why God Permits Evil and How to Rise Above It

To Be Victorious in Life

Cosmic Chants

Аудиозаписи Парамахансы Йогананды

Beholding the One in All

The Great Light of God

Songs of My Heart

To Make Heaven on Earth

Removing All Sorrow and Suffering

Follow the Path of Christ, Krishna, and the Masters

Awake in the Cosmic Dream

Be a Smile Millionaire

One Life Versus Reincarnation

In the Glory of the Spirit

Self-Realization: The Inner and the Outer Path

Другие издания Self-Realization Fellowship на английском языке

The Holy Science
— Swami Sri Yukteswar

Only Love
Living the Spiritual Life in a Changing World
— Sri Daya Mata

Finding the Joy Within You
Personal Counsel for God-Centered Living
— Sri Daya Mata

Intuition:
Soul Guidance for Life's Decisions
— Sri Daya Mata

God Alone
The Life and Letters of a Saint
— Sri Gyanamata

«Mejda»
The Family and the Early Life of Paramahansa Yogananda
— Sananda Lal Ghosh

Self-Realization
(журнал, основанный Парамахансой Йоганандой в 1925 году)

DVD-фильм

Awake:
The Life of Yogananda
Фильм производства CounterPoint Films

Каталог всех печатных изданий, а также аудио- и видеозаписей Self-Realization Fellowship доступен на сайте www.srfbooks.org.

Бесплатный ознакомительный материал

Крийя-йога и другие научные техники медитации, которым обучал Парамаханса Йогананда, а также его руководство по всем аспектам сбалансированной духовной жизни представлены в серии уроков для домашнего изучения — *Self-Realization Fellowship Lessons*. Если вы желаете запросить бесплатный ознакомительный материал по *Урокам SRF*, пожалуйста, посетите веб-сайт www.srflessons.org.

Self-Realization Fellowship
3880 San Rafael Avenue
Los Angeles, CA 90065-3219-USA
Phone +1(323) 225-2471 • Fax +1(323) 225-5088

www.yogananda.org

www.ingramcontent.com/pod-product-compliance
Lightning Source LLC
Chambersburg PA
CBHW031428040426
42444CB00006B/739